BEI GRIN MACHT SICH IHR WISSEN BEZAHLT

- Wir veröffentlichen Ihre Hausarbeit,
  Bachelor- und Masterarbeit

- Ihr eigenes eBook und Buch -
  weltweit in allen wichtigen Shops

- Verdienen Sie an jedem Verkauf

Jetzt bei www.GRIN.com hochladen
und kostenlos publizieren

GRIN☺

Die Angestellten der Weimarer Republik in Mascha Kalékos "lyrischem Stenogrammheft"

Bibliografische Information der Deutschen Nationalbibliothek:

Die Deutsche Nationalbibliothek verzeichnet diese Publikation in der Deutschen Nationalbibliografie; detaillierte bibliografische Daten sind im Internet über http://dnb.d-nb.de abrufbar.

ISBN: 9783346539700
Dieses Buch ist auch als E-Book erhältlich.

© GRIN Publishing GmbH
Nymphenburger Straße 86
80636 München

Druck und Bindung: Books on Demand GmbH, Norderstedt Germany
Gedruckt auf säurefreiem Papier aus verantwortungsvollen Quellen

Das vorliegende Werk wurde sorgfältig erarbeitet. Dennoch übernehmen Autoren und Verlag für die Richtigkeit von Angaben, Hinweisen, Links und Ratschlägen sowie eventuelle Druckfehler keine Haftung.

Das Buch bei GRIN: https://www.grin.com/document/1151473

Universität Duisburg-Essen

Fakultät für Geisteswissenschaften

Institut für Germanistik

MA-Seminar: Lasker-Schüler & Kaléko

SoSe 2021

Die Angestellten der Weimarer Republik
in Mascha Kalékos „lyrischem Stenogrammheft"

2-Fach-MA Germanistik/ Literatur und Medienpraxis

2. Fachsemester

Modul: Vertiefung II: Literatur im kulturellen Kontext

Abgabedatum: 06.10.2021

Inhaltsverzeichnis

[Die Anhänge 1-2 sind nicht im Lieferumfang enthalten.]

1. Eine Gesellschaft im Umbruch

Nach dem verlorenen Ersten Weltkrieg, der gescheiterten Revolution von 1918/19 und der Ausrufung zur Republik, war die deutsche Bevölkerung im Zuge der Industrialisierung, Technisierung, Urbanisierung und Rationalisierung rasanten Modernisierungsprozessen unterworfen.[1]

> Die Umstände waren neu [...] Soziale Entgrenzungen aller Art, neue Reiche und ehemals reiche Arme, Stand und Schicht überspringende Arbeitslosigkeit und Armut, Not der geistigen Arbeiter und der Angestellten, arbeitende Fräuleins, das sind [...] Umstände, die alles einmal Geglaubte über Bord werfen und an zukünftige Sicherheiten zweifeln ließen.[2]

Der Übergang von der Revolution zur Reform Mitte der 1920er Jahre wird untrennbar mit der „Neuen Sachlichkeit" in Verbindung gebracht,[3] „eine[r] Kunstrichtung, die die reale Wirklichkeit witzig, ironisch und auch sozialkritisch abbildet [...]"[4], um „[...] alle nun am politischen Prozeß beteiligten Bevölkerungsschichten [zu] erreichen"[5]. Schriftsteller:innen machten es sich unter anderem in Form von „Gebrauchslyrik" zur Aufgabe, die Ängste, Sorgen und Hoffnungen der Bevölkerung so realitätstreu wie möglich, aufzugreifen.[6] Als wichtige Vertreterin dieser literarischen Strömung gilt Mascha Kaléko (1907-1975). Irene Astrid Wellershof nach, habe sie gegenüber ihren Kolleg:innen eine besondere Nähe zu ihrem Gegenstand gehabt. Denn die Dichterin war unmittelbar selbst von den Umbrüchen betroffen.[7] Von 1925 bis 1933 arbeitete Kaléko als Bürolehrling und später als Stenotypistin – in der Angestelltenhierarchie nahm sie damit eine Position auf unterster Stufe ein. Die Anstellung schuf ihr eine Existenzgrundlage, wichtiger war für Kaléko aber der Beruf der Dichterin[8]: „Kaléko zog aber keinen radikalen Trennungsstrich zwischen diesen beiden Lebensbereichen, das heißt, sie verdrängte die ungeliebte Wirklichkeit nicht, sondern machte ihren Alltag in der Großstadt Berlin zu ihrem Thema."[9] 1933 gelingt ihr mit der Veröffentlichung des „lyrischen Stenogrammhefts" (im Weiteren: LySt) im Rowohlt Verlag der literarische Durchbruch. Darin befasst sich Kaléko in Form kurzer, pointierter Alltagsminiaturen[10] mit Sozialportraits von Angestellten moderner

---

[1] Vgl. Wellershof, Irene Astrid: Vertreibung aus dem 'kleinen Glück'. Das lyrische Werk von Mascha Kaléko. Aachen: Techn. Hochsch. Diss., 1982, S. 6f.
[2] Ostner, Ilona: Mascha Kaléko: Gedichte. In: Querlektüren. Weltliteratur zwischen den Disziplinen. Hg. v. Wilfried Barner, Albrecht Schöne u. Bernd Weisbrod. Göttingen: Wallstein 1997, S. 200.
[3] Vgl. Wellershof: Vertreibung aus dem 'kleinen Glück', S. 10.
[4] Vgl. Rosenkranz, Jutta: Mascha Kaléko. Biografie. München: Dtv 2007, S. 33.
[5] Vgl. Wellershof: Vertreibung aus dem 'kleinen Glück', S. 7.
[6] Vgl. ebd., S. 11f.
[7] Vgl. ebd., S. 19.
[8] Vgl. ebd., S. 15f.
[9] Ebd., S. 16.
[10] Vgl. Rosenkranz: Mascha Kaléko, S. 42.

Berufstypen.[11] Kaléko „[…] schreibt unmittelbar aus der Perspektive der sogenannten kleinen Leute und läßt damit eine Schicht der Gesellschaft zu Wort kommen, die sonst stumm bleibt."[12] Mit 115.000 verkauften Exemplaren stand das LySt im Jahr 1975 an zweiter Stelle der Verkaufsliste deutschsprachiger Gedichtbände nach einer Ausgabe von Goethe-Gedichten. An diesen Erfolg konnte Kaléko nie wieder anknüpfen. Bis heute wird sie nur unzureichend gewürdigt.[13] Es existiert keine zuverlässige Edition ihrer Werke, der Nachlass ist zum Großteil nicht systematisch gesichtet worden.[14] Die wenigen Rezensionen, die es gab, sind durch Kriegseinwirkungen des Rowohlt Verlages zerstört worden.[15] Es bestehen lediglich zwei große, wissenschaftliche Untersuchungen zu Kalékos Schaffen. Diese stammen von Wellershof (1982) und Nolte (2003). Jutta Rosenkranz begründet die Nichtbeachtung in der Literaturlandschaft damit, dass sie in Kalékos Gedichten nicht den Tiefsinn entdeckte.[16]

Anliegen vorliegender Arbeit ist es, diesen Tiefsinn durch die Analyse zweier der Sozialportraits aus dem LySt, zu entdecken. Sie werden im Kontext der gesellschaftlichen Umbrüche der Zeit betrachtet. Es wird der Frage nachgegangen: „Welches Bild liefert Kaléko hinsichtlich der Lage der Angestellten in der Weimarer Republik und wie äußert sie dadurch Gesellschaftskritik?". Zu Beginn wird die Lage der Angestellten in der Weimarer Republik auf Grundlage von Siegfried Kracauers Werk „Die Angestellten"[17] thematisiert. Er gilt als erster Schriftsteller, der durch Realbeobachtungen die Arbeitswelt seiner Zeit widerspiegelte.[18] Sodann wird auf die „Gebrauchslyrik" eingegangen, derer Kaléko sich bediente und die Titelbedeutung des LySt thematisiert, denn sie gilt als literarisches Programm der Autorin. Nachdem die Analysekriterien vorgestellt wurden, folgt die Analyse der Gedichte: „Mannequins" und „Randbemerkungen eines Liftboys". Dabei dient die Dissertation von Wellershof als Grundlage, weil diese als bislang Einzige typische Charakteristika von Kalékos Lyrik formal und inhaltlich detailliert herausarbeitete. Die Arbeit endet mit einer Gesamtinterpretation sowie einem Fazit. In dieser Arbeit wird eine Neuauflage des LySt von 1956 verwendet, darin befindet sich ein weiteres Werk Kalékos, das „Kleine Lesebuch für Große" (1934).[19]

---

[11] Vgl. Sander, Gabriele: Neusachliche Angestellten-Lyrik von Tucholsky, Kästner und Kaléko. In: Recherches germaniques. HS 14, 2019, S. 207.
[12] Wellershof: Vertreibung aus dem 'kleinen Glück', S. 18.
[13] Vgl. ebd., S. 1.
[14] Vgl. Pankau, Johannes G.: Einführung in die Literatur der Neuen Sachlichkeit. In: Einführungen Germanistik. Hg. v. Günter E. Grimm u. Klaus-Michael Bogdal. Darmstadt: Wissenschaftliche Buchgesellschaft 2010, S. 86.
[15] Vgl. Wellershof: Vertreibung aus dem 'kleinen Glück', S. 6.
[16] Vgl. Rosenkranz: Mascha Kaléko, S. 260ff.
[17] Kracauer, Siegfried: Die Angestellten: Aus dem neuesten Deutschland. Mit einer Rezension von Walter Benjamin. Frankfurt am Main: Suhrkamp 1971.
[18] Vgl. Pankau: Einführung in die Literatur der Neuen Sachlichkeit, S. 24.
[19] Kaléko, Mascha: Das lyrische Stenogrammheft. Kleines Lesebuch für Große. Hamburg: Rowohlt 1956.

2. Die Lage der Angestellten in der Weimarer Republik

Die Angestellten wuchsen in der Weimarer Republik zu einer gesellschaftsprägenden Schicht heran. Die Gründe werden in dem wachsenden staatlichen Sektor, der immer mehr Verwaltungs-, Verteilungs-, und Dienstleistungsarbeiten forderte, gesehen.[20] 1929 waren circa 3,5 Millionen Menschen in Deutschland als Angestellte tätig. Darunter ungefähr 1,2 Millionen Frauen. Insgesamt galt jede:r fünfte Arbeiter:in als Angestellte:r. Die Hälfte der 3,5 Millionen Angestellten war im Handel, bei Banken und im Verkehr beschäftigt. Circa 1,35 Millionen waren in der Industrie eingestellt, 0,5 Millionen bei Behörden und Organisationen. Als wichtigste Berufsgruppe galten kaufmännische Angestellte mit circa 2,25 Millionen Menschen. Ihr folgten mit je 0,25 Millionen Büroangestellte, Techniker:innen und Werkmeister:innen.[21] Existenzunsicherheiten beherrschten die Zeit. Im Durchschnitt verdiente ein ausgelernter Angestellter unter 150 Mark, Berufstätige in gehobener Stellung weniger als 500 Mark und Frauen verdienten circa 10-15% weniger als Männer.[22] Mehr Frauen als jemals zuvor arbeiteten als Angestellte, denn nach dem Krieg gab es einen Frauenüberschuss und den Wunsch nach wirtschaftlicher Unabhängigkeit.[23] Es entwickelten sich Normaltypen von Verkäuferinnen, Konfektionären und Stenotypistinnen.[24] Die Aussicht eines sozialen Aufstieges war gering. „Durch Geburt, durch gesellschaftliche Beziehungen, durch die Empfehlung hoher Beamter und wichtiger Kunden; selten durch Leistungen aus dem Betrieb heraus [steigt man auf]".[25] Bei der Auswahl von Arbeitnehmer:innen erfolgte laut Kracauer in der Regel eine „physische Auslese", wobei Hautfarbe, Sprache, Kleidung, Gebärden und Physiognomien zu Kriterien der Einstellung wurden.[26] Die individuelle Persönlichkeit trat dabei zurück.[27]

> Die Masse der Angestellten unterscheidet sich vom Arbeiter-Prolatariat darin, daß sie geistig obdachlos ist. Zu den Genossen kann sie vorläufig nicht hinfinden, und das Haus der bürgerlichen Begriffe und Gefühle, das sie bewohnt hat, ist eingestürzt, weil ihm durch die wirtschaftliche Entwicklung die Fundamente entzogen worden sind. Sie lebt gegenwärtig ohne eine Lehre, zu der sie aufblicken, ohne ein Ziel, das sie erfragen könnte. Also lebt sie in Furch davor, aufzublicken und sich bis zum Ende durchzufragen.[28]

Kracauer prägte den Begriff „Angestelltenkultur", der für das Verwaltungszentrum Berlin stand, in der die Angestellten erstmals zur prägenden Schicht heranwuchsen. Wellershof

---

[20] Vgl. Wellershof: Vertreibung aus dem 'kleinen Glück', S. 16.
[21] Vgl. Kracauer: Die Angestellten, S. 11f.
[22] Vgl. ebd., S. 13.
[23] Vgl. Wellershof: Vertreibung aus dem 'kleinen Glück', S. 17.
[24] Vgl. Kracauer: Die Angestellten, S. 65.
[25] Ebd., S. 42.
[26] Vgl. ebd., S. 23ff.
[27] Vgl. ebd., S. 19.
[28] Ebd., S. 91.

versteht darunter ein polemisches Abzielen auf den städtischen Vergnügungsbetrieb, der als Flucht und Nachahmung des Lebensstils der Oberklasse fungierte.[29] Als Fluchtmittel galten: Kunst, Wissenschaft, Radio und Sport.[30] Vor allem aber waren es Lokale, die besucht wurden: „Es entfremdet die Masse ihres gewohnten Fleisches, es wirft ihr ein Kostüm über, das sie verwandelt. Durch seine geheimen Kräfte wird der Glanz Gehalt, die Zerstreuung Rausch."[31]

3. Gebrauchslyrik

Die rasanten Veränderungen in der Weimarer Republik wurden unter anderem in Form von „Gebrauchslyrik" thematisiert. Literaten beschäftigten sich darin mit der Arbeitswelt, Fabriken Bergwerken und Büros. Eine einheitliche Definition der Gebrauchslyrik existiert zwar nicht, jedoch kann festgehalten werden, dass sie eine lebenspraktische Orientierung geben sollte, in der die Literatur auf eine gesellschaftliche Verantwortung verpflichtet wurde, um neue Werte zu setzen. Einfach gesagt: Sie sollte den Lesern Nützlichkeit bieten.[32] Sie zeichnet sich durch Subjektivität, Nüchternheit der Betrachtung und Klarheit in Sprache und Stil aus, wollte wenig parteilich und politisch sein.[33] Die Aufmerksamkeit wurde den gewöhnlichen Ereignissen und banalen Einzelheiten gewidmet.[34] Trotzdem enthält die Gebrauchslyrik starke sozialkritische Elemente, die auf die Rat- und Orientierungslosigkeit der Menschen indirekt Bezug nimmt.[35] Die Versachlichung der lyrischen Ausdrucksform meint, so Pankau, keineswegs die Verdrängung des Gefühls aus dem Gedicht, eher im Gegenteil – es wird eine immanente Spannung zwischen der nüchternen Wahrnehmung und emotionalen Besetzung erzeugt.[36]

4. Mascha Kaléko: „Das lyrische Stenogrammheft"

Der Titel von Kalékos Werk ist geprägt von Widersprüchen und lässt, laut Wellershof, zugleich in das literarische Programm der Dichterin blicken. Bei den Begriffen „lyrisch" und „Stenogramm" handelt es sich jeweils um Fremdwörter, welche für die moderne Alltagssprache zu Kalékos Zeit stehen und auch die Sprache ihrer Gedichte auszeichnen. „Lyrisch" steht für die

---

[29] Vgl. Wellershof: Vertreibung aus dem 'kleinen Glück', S. 17.
[30] Vgl. Kracauer: Die Angestellten, S. 110.
[31] Ebd., S. 98.
[32] Vgl. Wellershof: Vertreibung aus dem 'kleinen Glück', S. 11f.
[33] Vgl. Elit, Stefan: Lyrik. Formen – Analysetechniken – Gattungsgeschichte. Paderborn: Wilhelm Fink 2008, S. 171.
[34] Vgl. Wellershof: Vertreibung aus dem 'kleinen Glück', S. 11.
[35] Vgl. Pankau: Einführung in die Literatur der Neuen Sachlichkeit, S. 19f.
[36] Vgl. ebd., S. 89.

Poesie und kann nach Wellershof als subjektives Element der Darstellung von Empfindsamkeit verstanden werden. Als „Stenogramm" bezeichnet sie eine reine Dokumentation ohne Deutung.[37] Der Begriff enthalte demnach die Bedeutung eines mitgeschriebenen, fremden Textes, den der Chef seiner Sekretärin diktiere.[38] Das „Stenogrammheft" weist auf die neue Schicht der Angestellten und ihrer nüchternen Arbeitsatmosphäre hin. „Lyrische Stenogramme" meint demnach dichterische Beschreibungen, die vorläufig unausgeführt bleiben.[39] „Ein lyrisches Stenogrammheft enthält zeitgenössische Umgangssprache in lyrischer Form, das Aktuelle soll hier einen dichterischen Ausdruck finden."[40]

> Das provokatorische Paradox macht dem Leser klar, daß ihn hier keine den gewöhnlichen Menschen unzugängliche ästhetische Welt, fern von allen Problemen der Zeit erwartet, sondern daß Themen und Formen dieser Gedichte zur Welt […] des heutigen Alltags gehören.[41]

4.1 Analysekriterien

Wellershof nach, ist Kalékos Lyrik bekannt für Störungen. Zahlreiche Brüche sowohl in Form als auch im Inhalt würden die Verhältnisse und Probleme ihrer Zeit widerspiegeln.[42] Deshalb ist zunächst auf formaler Ebene interessant, inwiefern die Dichterin von klassischen Schemata im Aufbau der zwei zu untersuchenden Gedichte abweicht. Durch die Bestimmung von Versmaß, Reimen und strophischer Einteilung, können eventuelle Brüche sichtbar gemacht werden. Die Klärung des Rhythmus dient der Bestimmung des Tons, den Kaléko wählte, um die „kleinen Leute" zu Wort kommen zu lassen. Sie verfolgt nämlich, laut Wellershof, keine einheitliche Linie, weil sie zwischen leichten, ironischen, aggressiven und sentimentalen Texten hin und her wechsle.[43] Da der Bedeutungsgehalt der Sprache in Kalékos Lyrik im Fokus steht, weil dichterische Mittel nicht von inhaltlichen Aussagen ablenken sollen[44], werden auf inhaltlicher Ebene semantische Auffälligkeitsphänomene untersucht. Zu typischen Charakteristika Kalékos gehören unter anderem: der Gebrauch von Slang und Jargon, unlyrische Wörter, Modewörter, Fremdwörter und Fachbegriffe.[45] Diese können mittels Kalékos beliebter Technik der Montage[46], in Form von Kontrasten, dann gegenübergestellt werden. Überwiegend werden Kontraste laut Wellershof auch durch das stilistische Mittel der Ironie erzeugt. „Die Spannung

---

[37] Vgl. Wellershof: Vertreibung aus dem 'kleinen Glück', S. 77.
[38] Vgl. ebd., S. 82f.
[39] Vgl. ebd., S. 77.
[40] Ebd., S. 77.
[41] Ebd. S. 77.
[42] Vgl. ebd., S. 111.
[43] Vgl. ebd., S. 85.
[44] Vgl. ebd., S. 80.
[45] Vgl. ebd., S. 83f.
[46] Vgl. ebd., S. 81.

zwischen Ideal und Wirklichkeit ist die Grundlage von Kalékos Ironie [...] als Mittel der Illusionszerstörung."[47] In nüchterner Form drückt Kaléko damit den Bruch ihrer Zeit aus, wobei die Ironie als Kategorie des Unterstatements, als spielerische Selbstironie, oder auch als Verschleierung von Gefühlen, verstanden werden kann.[48] Nach der Untersuchung des Ironie-Gehalts der Gedichte, werden auf syntaktischer Ebene Satzzeichen analysiert, da sie, laut Wellershof, emotionale Bedeutungen tragen und Kontraste zur Form herstellen können.[49] Die Nicht-Verknüpfungen und willkürliche Auflistung von auf den ersten Blick nicht zusammengehörigen Stilmitteln, zeichnen laut Ostner Kalékos Stil aus: „Sprache und Form einiger Gedichte versuchen sich darin, die bloß mehr mechanisch zusammengehaltene Welt zu imitieren."[50] Ob dadurch auch Gesellschaftskritik geleistet wird, lässt sich im Anschluss zeigen.

4.2 Interpretation ausgewählter Gedichte – Sozialportraits kleiner Leute

4.2.1 Mannequins

„Mannequins" befindet sich im LySt im ersten Kapitel des Werks: „Von Montag früh bis Wochenend".[51] Es handelt von weiblichen Angestellten eines Modeladens. Sie geben Einblicke in die Umstände, unter denen sie arbeiten und in denen sie leben.

Das Gedicht besteht aus drei Strophen, die in sich geschlossen sind. Mit je zehn Versen sind sie recht lang und weisen eine feste Form auf. Ihnen voraus ist ein unlyrisches Inserat in Form einer Zeitungsanzeige, das aus einer Überschrift mit zwei Zeilen besteht und sich vom Gedicht äußerlich abhebt. Die Silbenzählung ist unregelmäßig, der Versbau teilweise katalektisch. Durch die abwechselnd langen und kurzen Verse wird eine Art Überraschungsmoment erzeugt, gleichzeitig zeigt dies erste Formbrüche auf. Denn das Versmaß wird in den langen Versen durch einen vierhebigen Jambus bestimmt, in den kurzen sind sie zweihebig. Ihre Ordnung ist nicht immer einheitlich, da in den langen Versen Sprünge zu härteren Daktylen erfolgen. Zäsuren entstehen durch Doppelpunktkonstruktionen[52], Gedankenstrichen[53], sowie der Verwendung des Dreipunkts[54] innerhalb der Verse. Dies führt laut Wellershof zur starken Eigengewichtung einzelner Versteile, wobei der Verscharakter droht, zu verschwinden.[55] Der Gebrauch von

[47] Wellershof: Vertreibung aus dem ‘kleinen Glück‘, S. 94.
[48] Vgl. ebd., S. 95.
[49] Vgl. ebd., S. 90f.
[50] Ostner: Mascha Kaléko, S. 199.
[51] Vgl. Kaléko: Das lyrische Stenogrammheft, S. 10.
[52] Vgl. ebd., S. 10, Str. 1, V. 6; Str. 2, V. 6 u. Str. 3, V. 3 u. 5.
[53] Vgl. ebd., S. 10, Str. 3, V. 5.
[54] Vgl. ebd., S. 10, Str. 1, V. 10 u. Str. 2, V. 4.
[55] Vgl. Wellershof: Vertreibung aus dem ‘kleinen Glück‘, S. 90.

Enjambements ist sehr markant. Sätze werden durch Satzzeichen am Versende[56], sowie der Konjunktion „und", als Bindemittel zwischen den Versen, aufgeteilt.[57] Wellershof sieht darin folgenden Sinn: „Die Konjunktion „und" beinhaltet keine komplexgedankliche Verknüpfung der Aussagen, sondern addiert sie bloß. Diese parataktische Anordnung [...] stellt [Bilder] logisch unverbunden nebeneinander."[58] Es lässt sich ein kompliziertes Reimschema feststellen: Kreuz-, Paar-, und umschließende Reime werden miteinander verbunden, wobei sie sich in einer festen Anordnung befinden. Lediglich die erste Strophe enthält zwei Weisen: „müde" und „solide"[59] stellen unlyrische Wörter dar. Fremd- und Kontrastreime bewirken eine Aufmerksamkeitssteigerung.[60] Die Kadenzen bilden, genauso wie das Reimschema, eine komplizierte Anordnung, da nicht regelmäßig zwischen männlicher und weiblicher Kadenz gewechselt wird. Doch auch hier ist zumindest die Struktur regelmäßig. Dadurch entsteht ein ungewöhnlicher, dennoch einheitlicher Rhythmus. Durch die formalen Kontraste entsteht der Eindruck eines leicht aggressiven Tons. Die formalen Freiheiten weisen eine Nähe zum Genre des Liedes auf.[61]

Das Gedicht kann thematisch gegliedert werden. Es beginnt mit einer Anzeige, in der eine Frau nach einer Arbeit sucht. Diese lässt sich inhaltlich mit dem darauffolgenden Gedicht verbinden. Denn dort scheint das lyrische Ich – die Arbeitssuchende – eine Arbeitsstelle, als Vorführdame in einem Modeladen, gefunden zu haben. In der ersten Strophe klagen Frauen, dort dann in Mehrzahl, über die Umstände, derer sie auf der Arbeit ausgesetzt sind. Sie führen ihren Kundinnen teure Mode vor, die sie selbst nie besitzen werden. In der zweiten Strophe wird die Geldnot beklagt, denn durch das wenige Gehalt können sich die Frauen nichts leisten, es sei denn, sie sexualisieren sich. Am Ende der Strophe geht es thematisch zurück zur Arbeit, auf der sie sich die Sorgen nicht ansehen lassen dürfen. In Strophe drei klagen die Angestellten über die Referenzen, die für den Beruf als Vorführdame notwendig sind. Sie dürfen sich nicht beschweren, müssen ihre Situation akzeptieren, wie sie ist.

Auf sprachlicher Ebene ist der Gebrauch von Fremdwörtern dominant. Bereits der Titel „Mannequins" stammt aus dem Französischen und bezeichnet laut dem DWDS eine „Vorführdame für Kleidung, bzw. Modellkleidung".[62] Somit werden die Frauen einerseits, bevor sie selbst zu

---

[56] Vgl. Kaléko: Das lyrische Stenogrammheft, S. 10, Str. 1, V. 1, 3 u. 9; Str. 2, V. 5; Str. 3, V. 4.

[57] Vgl. ebd., S. 10, Str. 1, V. 6 u. 9; Str. 2, V. 9; Str. 3, V. 2 u. 10.

[58] Wellershof: Vertreibung aus dem 'kleinen Glück', S. 105.

[59] Vgl. Kaléko: Das lyrische Stenogrammheft, S. 10, Str. 1, V. 2 u. 4.

[60] Vgl. ebd., S. 10, Str. 2, V. 1 u. 3; Str. 2, V. 5 u. 6.

[61] Vgl. Wellershof: Vertreibung aus dem 'kleinen Glück', S. 89.

[62] Vgl. „Mannequins", in: DWDS – Digitales Wörterbuch der deutschen Sprache. Das Wortauskunftssystem zur deutschen Sprache. In: Geschichte und Gegenwart. Hg. v. d. Berlin-Brandenburgischen Akademie der Wissenschaften. Unter: https://www.dwds.de/wb/Mannequin (Zuletzt abgerufen am 02.10.2021).

Wort kommen, auf ihren Angestelltenstatus reduziert. Andererseits betiteln sie sich im Laufe des Gedichts selbst als „Mannequins"[63], somit kann die Überschrift auch als bloßer Verweis, ohne Assoziationsdeutung, auf den Inhalt verweisen. „Crêpes Satin"[64] (franz.) steht nach Rosenkranz für ein „Seidengewebe mit je einer matten und einer glänzenden Seite".[65] „Dernier cri"[66] bedeutet: „Neueste Mode", „letzter Schrei".[67] Laut Ilona Ostner setzt letzterer Begriff eine Dynamik von Angleichung und Ausdifferenzierung in Gang:

> Sobald die unteren Schichten sich die Mode anzueignen beginnen und damit die von den oberen gesetzte Grenzmarkierung überschreiten, wenden sich die oberen von dieser Mode ab – und einer neuen zuwenden, durch die sie sich wieder von der breiten Masse differenzieren und mit der das Spiel von neuem beginnt.[68]

„Souper"[69] (franz.) meint laut DWDS ein „festliches Abendessen mit Gästen".[70] Die französischen Begriffe vermitteln laut Wellershof allesamt die Sphäre eines falschen Glanzes.[71] Es lassen sich ebenso Wörter lateinischer Herkunft finden: „Inserat"[72] stammt von (lat.) „inserere" und bezeichnet eine Anzeige in einer Zeitung oder Zeitschrift[73], „Inventur"[74], (lat.) „inventarium", bezeichnet eine kaufmännische Bestandsaufnahme.[75] Das italienische Adverb „ultimo"[76] heißt übersetzt: „am letzten Tag des Monats".[77] Kalékos Gedicht weist zudem Begriffe auf, die der Berliner Mundart zugeordnet werden können. Eine „Stulle"[78] steht laut DWDS für eine zusammengeklappte, bzw. belegte Scheibe Brot.[79] Im Gedicht steht sie für Geldnot, weil das Lyrische Ich sich kein teures Essen leisten kann. Der Begriff „Fummel"[80] wird durch das Lyrische Ich negativiert und meint ein schlechtes, unmodernes Kleid.[81] Bei „Gnäfrau"[82] handelt es sich laut DUDEN um eine durch schnelles Sprechen entstandene Kurzform, ihrem

---

[63] Vgl. Kaléko: Das lyrische Stenogrammheft, S. 10, Str. 2, V. 6.

[64] Vgl. ebd., S. 10, Str. 2, V. 5.

[65] Vgl. Rosenkranz, Jutta: Mascha Kaléko. Sämtliche Werke und Briefe. Ein Kommentar. Band I. München: Dtv 2013, S. 11.

[66] Vgl. Kaléko: Das lyrische Stenogrammheft, S. 10, Str. 1, V. 5.

[67] Vgl. „dernier cri", in: DWDS. Unter: https://www.dwds.de/wb/Dernier%20Cri (Zuletzt abgerufen am 02.10.2021).

[68] Ostner: Mascha Kaléko, S. 207.

[69] Vgl. Kaléko: Das lyrische Stenogrammheft, S. 10, Str. 2, V. 3.

[70] Vgl. „souper", in: DWDS. Unter: https://www.dwds.de/wb/Souper (Zuletzt abgerufen am 02.10.2021).

[71] Vgl. Wellershof: Vertreibung aus dem 'kleinen Glück', S. 24.

[72] Vgl. Kaléko: Das lyrische Stenogrammheft, S. 10, oberhalb des Gedichts, in der Anzeige.

[73] Vgl. „Inserat", in: DWDS. Unter: https://www.dwds.de/wb/Inserat (Zuletzt abgerufen am 02.10.2021).

[74] Vgl. Kaléko: Das lyrische Stenogrammheft, S. 10, Str. 1, V. 8.

[75] Vgl. „Inventur", in: DWDS. Unter: https://www.dwds.de/wb/Inventur (Zuletzt abgerufen am 02.10.2021).

[76] Vgl. Kaléko: Das lyrische Stenogrammheft, S. 10, Str. 2, V. 8.

[77] Vgl. „ultimo", in: DWDS. Unter: https://www.dwds.de/wb/ultimo (Zuletzt abgerufen am 02.10.2021).

[78] Vgl. Kaléko: Das lyrische Stenogrammheft, S. 10, Str. 2, V. 1.

[79] Vgl. „Stulle", in: DWDS. Unter: https://www.dwds.de/wb/Stulle (Zuletzt abgerufen am 02.10.2021).

[80] Vgl. Kaléko: Das lyrische Stenogrammheft, S. 10, Str. 2, V. 5.

[81] Vgl. „Fummel", in: DWDS. Unter: https://www.dwds.de/wb/Fummel (Zuletzt abgerufen am 02.10.2021).

[82] Vgl. Kaléko: Das lyrische Stenogrammheft, S. 10, Str. 1, V. 10.

Ursprung nach bedeutet es „gnädige Frau".[83] Die umgangssprachlichen Bezeichnungen zeigen laut Wellershof auf, woher die Angestellten wirklich kommen – aus dem proletarischen Milieu.[84] Dabei stehen sie mit den französischen Begriffen im Kontrast und können im Sinne einer Montage interpretiert werden. Diese macht die Unterschiede der Ober- und Unterklasse deutlich. Bei „Inventur", „Betriebskapital" und „Geschäft"[85] handelt es sich um Modewörter, die das besondere Zeitgefühl widerspiegeln, in der die Kapitalerbringung für Firmen an erster Stelle stand. Die Substantive „Fähnchen", „Püppchen" und „Dämchen"[86] stellen durch das Diminutiv-Suffix „-chen" Verniedlichungsformen dar. Anhand des Wortes „Püppchen" interpretiert Ostner, dass die Verkäuferin sich selbst als Ware zum Verkauf anbietet, wobei sie dies durch wenige Perspektivwechsel auf den Punkt bringe.[87]

> So muß die Verkäuferin nicht nur ihre Ware kennen; sie muß auch im Vorführen der neuesten Mode das «sorglose Püppchen» machen, lächeln, schmeicheln, das Gebrauchswertversprechen der Ware, auch der üppigsten Kundin eine vorteilhafte Figur zu verleihen, verkörpern.[88]

Weiter auffällig ist der Gebrauch der Personalpronomen „wir" (5x) und „uns" (5x).[89] Das Lyrische Ich spricht nicht nur aus der Perspektive einer Angestellten, sondern es spricht für zahlreiche Angestellte, die mit einer Unzufriedenheit im Joballtag zu kämpfen haben. Als wichtiges Stilmittel kann die Ironie identifiziert werden. Sie taucht als spielerische Selbstironie auf, als das Lyrische Ich sich zu Beginn in der Anzeige als „Mannequin, 42er Figur, leichte, angenehme Arbeit, gesucht ...“[90], vorstellt. Sie nimmt ihren Beruf mit Humor, indem sie sich selbst als Schaufensterpuppe betitelt. Die Information „42er Figur" wird witzig ironisierend aufgegriffen und bezieht sich auf das Schönheitsideal der „Neuen Frau", die gut aussehen und in keinem Fall zu dick sein durfte, um der „physische Auslese", wie Kracauer es formulierte, gerecht zu werden.[91] Kaléko spielt in der Anzeige mit einem weiteren Klischee, indem sie die Arbeitssuchende in ihrer Kompetenz herabstuft, da man Frauen vor dem Krieg keine ernstzunehmende Arbeit zutraute, die Männer diejenigen waren, die das Geld verdienten. Eine weitere Reduktion der Frau auf körperlicher Ebene wird in Strophe drei ironisch zum Ausdruck gebracht: „Die Beine sind unser Betriebskapital"[92]. Pankau zufolge, wird ein Schönheitskult, bzw. Girl-Image

---

[83] Vgl. „Gnäfrau", in: DUDEN online. Unter: https://www.duden.de/rechtschreibung/Allegroform (Zuletzt abgerufen am 02.10.2021).
[84] Vgl. Wellershof: Vertreibung aus dem 'kleinen Glück', S. 24.
[85] Vgl. Kaléko: Das lyrische Stenogrammheft, S. 10, Str. 1, V. 8; Str. 3, V. 1 u. 6.
[86] Vgl. ebd., S. 10, Str. 1, V. 8 u. 9; Str. 2, V. 10.
[87] Vgl. Ostner: Mascha Kaléko, S. 205.
[88] Ebd., S. 205.
[89] Vgl. Kaléko: Das lyrische Stenogrammheft, S. 10, Str. 1, V. 3, 4, 5, 6, 7, 8; Str. 2, V. 1, 3, 7, Str. 3, V. 1.
[90] Vgl. ebd., S. 10, Anzeige oberhalb des Gedichts.
[91] Vgl. Kracauer: Die Angestellten, S. 19.
[92] Vgl. Kaléko: Das lyrische Stenogrammheft, S. 10, Str. 3, V. 1.

vorgeführt, als Produkt industrieller Verwertung und Weiblichkeit.[93] Somit lassen sich zusammenhängende Gedankensprünge feststellen. Im Zeichen der Ironie entstehen außerdem Kontraste: sonntags und Werktags; Schein und Sein; Dämchen und Mannequin; Stullen, Tee und feines Souper sowie weibliche und männliche Kundschaft. Kontraste entstehen weiter durch die offene Relativierung und der sofortigen Zurücknahme von Aussagen. Beispielsweise erläutern die Mannequins, sie prunken in Seide und im nächsten Vers äußern sie, dass sie ihnen nie gehören wird.[94] Dadurch wird eine Illusion hergestellt und direkt wieder aufgebrochen.

Auf syntaktischer Ebene können Satzzeichen als Mittel der Emotionalisierung identifiziert werden. Sie werden dabei von den Sachzusammenhängen beherrscht. Am häufigsten lässt sich der Gebrauch von Doppelpunkten feststellen. Zum einen dienen sie als Aussagezeichen, zur Unterstreichung von Fakten: „Du bleibst, was du bist: Nur ein Mannequin"[95], zum anderen leiten sie direkte Rede ein.[96] Dreipunkte können als wertsetzende Zeichen verstanden werden.[97] In Str. 1, V. 10: „Gnädfrau, ... wie angegossen!" dienen sie dagegen als Auslassungspunkte, als Überlegung über das, was man der Frau eigentlich sagen will, aber nicht kann. Gedankenstriche stehen im Zeichen von Pausen und die einmalige Verwendung von runden Klammern in Str. 3, V. 6 stellt die Wirkung her, dass das, was geäußert wird, nur leise gesagt werden dürfe, weil man sich nicht beschweren darf. Denn laut Sanders gehört „zum „Geschäftsprinzip" der „Firma" […] für die Mannequins neben der Zuschaustellung als „sorgloses[s] Püppchen offenbar auch die sexuelle Verfügbarkeit einschließlich der Duldung anzüglicher Bemerkungen."[98]

In „Mannequins" werden Zustände und Empfindungen der Angestellten zum Thema gemacht, ihre Klagen äußern sich auf mehrfacher Weise: über die Arbeitsverhältnisse, der Geldnot und den erforderlichen Referenzen. In Form von Kontrasten entstehen sowohl auf formaler als auch auf inhaltlicher Ebene Brüche, die die Unterschiede zwischen den Angestellten und ihren Kundinnen deutlich werden lassen. Durch die verschiedenen Spracheinflüsse erreicht Kaléko ihre Leser. Laut Wellershof passt „Kalékos Ton […] zur Redeweise der Stadtbevölkerung, die einem vielfältigen Informationsfluß ausgesetzt ist."[99] Es kann einer Interpretation Sanders zugestimmt werden, nämlich, dass das Gedicht im Kontext der Emanzipation betrachtet werden kann:

---

[93] Vgl. Pankau: Einführung in die Literatur der Neuen Sachlichkeit, S. 94.
[94] Vgl. Kaléko: Das lyrische Stenogrammheft, S. 10, Str. 1, V. 5 u. 6.
[95] Vgl. ebd., S. 10, Str. 2, V. 6.
[96] Vgl. ebd., S. 10, Str. 1, V. 8ff.
[97] Vgl. ebd., S. 10, Str. 1, V. 1f.
[98] Vgl. Sander: Neusachliche Angestellten-Lyrik von Tucholsky, Kästner und Kaléko, S. 210.
[99] Vgl. Wellershof: Vertreibung aus dem 'kleinen Glück', S. 78.

Indem aus Sicht der Betroffenen „sowohl finanzielle Nöte [...] als auch Doppelmoral und sexuelle Ausbeutung schonungslos thematisiert" werden, erscheint diese Form weiblicher Berufstätigkeit weit entfernt von den medialen Verheißungen emanzipatorischer Befreiung aus tradierten Rollenmustern.[100]

Trotzdem beteilige sich die Dichterin aber nur indirekt am Diskurs der Neuen Frau, denn es werden laut Sanders keine Veränderungsmöglichkeiten aufgezeigt.[101]

4.2.2 Randbemerkungen eines Liftboys

„Randbemerkungen eines Liftboys" befindet sich im ersten Kapitel des LySt: „Von Montag früh bis Wochenend".[102] Es handelt von der Arbeit eines Fahrstuhlführers in einem Warenhaus. Dieser gibt Einblicke in seine Gedanken über die wohlhabende Kundschaft.

Das Gedicht besteht aus drei in sich geschlossenen Strophen mit je fünf Versen. Zwischen den einzelnen Strophen befinden sich Einzeiler, die als Art Zwischenüberschriften fungieren. Dadurch kommt es zu einer Auflösungserscheinung der einzelnen Strophen. Die Silbenzählung ist überwiegend regelmäßig, der Versbau akatalektisch. Das Metrum der drei Strophen lässt sich als Mischform von Jambus und Anapäst mit dazwischenliegenden Füllungsfreiheiten charakterisieren. Hebungen und Senkungen variieren. Dadurch klingen die Verse teilweise etwas holprig. Die Einzeiler beginnen jeweils mit einem Trochäus, im Anschluss variiert das Versmaß auch hier, eine einheitliche Ordnung kann nicht festgestellt werden. Durch den Gebrauch von Satzzeichen werden Zäsuren erzeugt. Diese befinden sich zum Beispiel innerhalb von Versen, in denen ein Wechsel von indirekter zu direkter Rede vollzogen wird. Des Weiteren, wenn zwei Hauptsätze innerhalb eines Verses miteinander verbunden werden,[103] sowie durch Gedankenstriche.[104] Enjambements befinden sich in Strophe zwei,[105] ansonsten Enden die Sätze unmittelbar am Versende. Das Reimschema weist eine geordnete Struktur auf. Die Strophen beginnen jeweils mit einem Kreuzreim, der letzte Vers reimt sich mit dem darauffolgenden Einzeiler dann zu einem Paarreim. Die Kadenzen sind in ihrer Struktur einheitlich. Abwechselnd erfolgen weibliche und männliche Kadenzen, bloß am Ende von Strophe drei kommt es zu einem Bruch. In den Versen neun und zehn wiederholt sich die männliche Kadenz, der darauffolgende, letzte Einzeiler endet ebenso mit männlicher Kadenz. Durch die Ordnung des Gedichts entsteht ein regelmäßiger Rhythmus mit leichtem Vers, der Ton erscheint dadurch aber auch wenig erregt

---

[100] Sander: Neusachliche Angestellten-Lyrik von Tucholsky, Kästner und Kaléko, S. 210.
[101] Vgl. ebd., S. 210.
[102] Vgl. Kaléko: Das lyrische Stenogrammheft, S. 18.
[103] Vgl. ebd., Str. 3, V. 4.
[104] Vgl. ebd., Str. 1, V. 4, Str. 3, V. 5.
[105] Vgl. ebd., Str. 2, V. 1 u. 2, V. 3 u. 4.

und monoton zugleich. Die Form ist wenig individuell geprägt. Der Aufbau gleicht dem eines Liedes, die Einzeiler zwischen den Strophen können als Refrain interpretiert werden.

Das Gedicht kann in Sinnabschnitte unterteilt werden, die aufeinander aufbauen. In der ersten Strophe beklagt sich das Lyrische Ich, der Liftboy, über die wohlhabende Kundschaft. Er fühlt sich von ihr erniedrigt, würde gern etwas sagen, kann es aufgrund des Angestelltenstatus jedoch nicht. In Strophe zwei macht sich das Lyrische Ich Gedanken um die Kontraste zwischen ihm und der Kundschaft. Die Gedanken werden metaphorisch mit den Stockwerken des Warenhauses verglichen: „Oben" befinden sich die Reichen, „unten" die Armen. Ein Hinaufkommen erscheint als äußerst schwierig. Das Lyrische Ich macht sich in der dritten Strophe Gedanken darüber, wie es wäre, selbst wohlhabend zu sein, erkennt aber, dass es nur ein Traum bleiben wird. Im letzten Vers der Strophe macht er sich kenntlich – „Elli" ist sein Name. Die drei Einzeiler stehen in Verbindung zueinander, sie sind nummeriert und bezeichnen die einzelnen Abteilungen des Warenhauses, auf den verschiedenen Ebenen aufgeteilt.

Auf sprachlicher Ebene lässt sich der dominante Gebrauch von Komposita feststellen. Die Komposita bestehen überwiegend aus Verknüpfungen zweier Nomina: „Randbemerkungen", „Porzellanwaren", „Warenhaus", „Dachgarten", „Einrichtungswaren".[106] Auch Präposition und Nomen werden verknüpft: „Zwischenstock".[107] Durch die Wortverschmelzungen kommt es zu einer Informationsverdichtung. Sie ist für die Orientierung der Kunden im Warenhaus von Vorteil. Denn beim „Dachgarten" weiß man ohne den Zusatz „Dach" nicht, auf welcher Ebene sich dieser Garten befindet. Auch in diesem Gedicht ist die Verwendung von Fremdwörtern geläufig. Hier dominieren wieder Wörter aus dem Französischen: Der Begriff „genieren"[108] bedeutet laut DWDS so viel wie „sich gehemmt, unsicher fühlen; schämen".[109] „Manieren"[110] steht umgangssprachlich für: „Benehmen".[111] Die Wörter werden im Sinne des Kontrastes gebraucht, die das Lyrische Ich produziert, indem es den wohlhabenden Kunden ihr Benehmen abspricht und ihnen das Gegenteil zuspricht.[112] Bei (franz.) „Livrée"[113] handelt es sich um eine „(mit Tressen, Schnüren besetzte) uniformartige Kleidung für Diener".[114] Das englische Wort „Liftboy", das bereits in der Überschrift des Gedichts auftaucht, steht für den Angestelltenberuf des

---

[106] Vgl. Kaléko: Das lyrische Stenogrammheft, S. 18, Überschrift; 1. Einzeiler; Str. 2, V. 2 u. 3; 2. Einzeiler.
[107] Vgl. ebd., S. 18, Str. 2, V. 4.
[108] Vgl. ebd., S. 18, Str. 3, V. 3.
[109] Vgl. „genieren", in: DWDS. Unter: https://www.dwds.de/wb/genieren (Zuletzt abgerufen am 02.10.2021).
[110] Vgl. Kaléko: Das lyrische Stenogrammheft, S. 18, Str. 1, V. 1.
[111] Vgl. „Manieren", in: DWDS. Unter: https://www.dwds.de/wb/Manieren (Zuletzt abgerufen am 02.10.2021).
[112] Vgl. Kaléko: Das lyrische Stenogrammheft, S. 18, Str. 1, V. 1-3.
[113] Vgl. ebd., S. 18, Str. 3, V. 2.
[114] Vgl. „Livrée", in: DWDS. Unter: https://www.dwds.de/wb/Livree (Zuletzt abgerufen am 02.10.2021).

Lyrischen Ich, als Aufzugsführer in einem Warenhaus.[115] Zum einen wird er hier, wie schon bei den „Mannequins" bemerkt, über seinen Beruf definiert, andererseits betitelt er sich in Str. 4, V. 4 selbst als „Liftboy". Der kuriose Begriff „Fehpelz"[116] steht für einen grauen oder weißen, langhaarigen und feinen Pelz aus dem Fell einer in Sibirien und Nordwesteuropa vorkommenden Eichhörnchenart.[117] Er ist so ungewöhnlich, dass er Aufsehen erregt. Das Stilmittel der Ironie wird auf verschiedene Weise hergestellt: Zur Kontrasterzeugung, zum Spiel mit Selbstironie sowie zum Umgang mit Klischees. Kontraste entstehen beispielsweise in der Gegenüberstellung der wohlhabenden Frauen und dem armen Liftboy;[118] zwischen dem oberen und dem unteren Stockwerk;[119] und zwischen dem Besitz von Geld und keinem Geld.[120] Einen weiteren Kontrast stellen die einzelnen Etagen her:

> … Mitunter da denk ich, das menschliche Leben
> ist oft wie so'n Fahrstuhl im Warenhaus:
> – Wer Geld hat, kann rauf bis zum Dachgarten schweben,
> Wer keins hat, muß meist schon im Zwischenstock raus.[121]

Sie bauen in materieller Hinsicht aufeinander auf: Im ersten Stock werden Porzellanwaren verkauft – das sind Waren, die sich jedermann leisten kann, egal ob reich oder arm. Im dritten Stock dagegen befindet sich der Frisier- und Erfrischungsraum, welcher eher als ein Luxusgut angesehen werden kann. Der Liftboy ruft die Stockwerke nur auf, gelangt aber selbst nicht dorthin. Dies wird vor allem durch den Kontrast von „Traum" und „Erfrischungsraum"[122] kenntlich gemacht. Es wird nach Pankau ein Gefühl des Zurücksetzens und gleichzeitig Zukunftshoffnung in der Bewegung des Aufzugs in die verschiedenen Stockwerke eingehüllt: „Es wird eine Entfremdung gezeigt, beziehungsweise eine Fremdheit, die zwischen den beruflich zurückgewiesenen Rollen und dem Denken und Fühlen der zunächst nur anonym genannten Personen besteht."[123] Ein Spiel im Zeichen der Selbstironie entsteht, als das Lyrische Ich sich an die Stelle der wohlhabenden Kundschaft denkt und am Ende wieder auf das Gegenteil, die jetzige Realität, blickt.[124] Es lassen sich Begriffe der Berliner Mundart identifizieren. Wie in „Mannequins" taucht hier die Wortverschmelzung „Gnädje" auf, die für „gnädige Frau"

---

[115] Vgl. Rosenkranz: Sämtliche Briefe und Werke, S. 15.
[116] Vgl. Kaléko: Das lyrische Stenogrammheft, S. 18, Str. 1, V. 3.
[117] Vgl. Rosenkranz: Sämtliche Briefe und Werke, S. 15.
[118] Vgl. Kaléko: Das lyrische Stenogrammheft, S. 18, Str. 1, V. 3 u. 4.
[119] Vgl. ebd., S. 18, Str. 2, V. 3-5.
[120] Vgl. ebd., S. 18, Str. 3, V. 1 u. 5.
[121] Ebd., S. 18, Str. 2, V. 1-4.
[122] Vgl. ebd., S. 18, Str. 3, V. 5 u. 3, Einzeiler.
[123] Pankau: Einführung in die Literatur der Neuen Sachlichkeit, S. 94.
[124] Vgl. Kaléko: Das lyrische Stenogrammheft, S. 18, Str. 3, V. 1-5.

steht.[125] Weiter lässt sich eine Häufigkeit von e-Tilgungen am Ende von Verben erkennen, wodurch grammatikalische Freiheiten in der Sprache des Liftboys entstehen. Beispielverben sind: „hätt", „pfeif", „geh" und „wüßt".[126] Auch gebraucht Kaléko Verben mit einem Apostroph im Sinne der Auslassung, etwa: „so'n".[127] Die umgangssprachlichen Wörter Ellis unterstreichen erneut den Gegensatz zur wohlhabenden Kundschaft, diesmal auf der Ebene der Sprache.

Auf syntaktischer Ebene verhindern Satzzeichen durch ihre emotionale Bedeutung langweilige Regelmäßigkeiten der Form.[128] So auch in diesem Gedicht. Ausrufezeichen werden als zusätzliche Bekräftigung, zur Betonung des zuvor Gesagtem, genutzt.[129] In den Einzeilern dienen sie dagegen als indirekte Betonung der Gesellschaftsunterschiede. Dreipunkte[130] stellen Pausen dar, um über das zuvor Gesagte einmal nachzudenken. Auch Gedankenstriche sind im Gedicht vertreten. Ihnen folgen eingeschobene Gedankengänge des Lyrischen Ich.[131] Spitze Klammern dienen der ausdrücklichen Hervorhebung einzelner Wörter innerhalb eines Verses. Sie lassen sich mit dem Mittel der Ironie interpretieren: „Von wegen <gebildet> und <besseres Haus> !"[132] Nach Wellershof geht die „syntaktische Geschlossenheit Hand in Hand mit einer formalen Rationalität, das heißt, die expressiven Elemente werden zurückgedrängt und damit Assoziationsmöglichkeiten des Lesers eingeschränkt."[133]

Die Kluft zwischen arm und reich wird in diesem Gedicht besonders deutlich hervorgebracht. Die Schlichtheit auf formaler Ebene und die Berliner Umgangssprache erzeugen eine Nähe zur untersten Schicht der Gesellschaft. Es wird eine Identifikation geschaffen, indem das Lyrische Ich nicht nur als ein Angestellter von vielen auftritt, sondern einen Namen erhält. Durch die Kontraste auf inhaltlicher Ebene wird die feine Gesellschaft kritisch dargestellt. Nach Wellershof stellt der Liftboy dabei aber nicht das hierarchische System selbst in Frage, sondern erträumt sich nur eine Position, in der er dessen Vorteile selbst genießen kann.[134]

Seine Vorstellungen von der Gesellschaft formuliert er in Denkkategorien, die ihm das Warenhaus bietet. Das Kaufhaus mit seinen verschiedenen Stockwerken wird zur Metapher für eine Gesellschaft, in der sich die Lebenschancen aus den Besitzverhältnissen ergeben.[135]

---

[125] Vgl. Kaléko: Das lyrische Stenogrammheft, S. 18, Str. 1, V. 3.
[126] Vgl. ebd., S. 18, Str. 1, V. 5, Str. 3, V. 2 u. 4.
[127] Vgl. ebd., S. 18, Str. 2, V. 2.
[128] Vgl. Wellershof: Vertreibung aus dem 'kleinen Glück', S. 90f.
[129] Vgl. Kaléko: Das lyrische Stenogrammheft, S. 18, Str. 2, V. 5.
[130] Vgl. ebd., S. 18, Str. 1, V. 4, Str. 2, V.5, Str. 3, V. 5.
[131] Vgl. ebd., S. 18, Str. 1, V. 2 u. 4; Str. 2, V. 3; Str. 3, V. 4 u. 5.
[132] Vgl. ebd., S. 18, Str. 1, V. 2.
[133] Vgl. Wellershof: Vertreibung aus dem 'kleinen Glück', S. 88f.
[134] Vgl. ebd., S. 25.
[135] Ebd., S. 25.

5. Gesamtinterpretation und Fazit

Betrachtet man beide Gedichte zusammenhängend, können zunächst Unterschiede auf formaler Ebene festgestellt werden. Die vielen Abweichungen und teilweise komplizierten Anordnungen in „Mannequins" lassen einen leicht brüchigen, aggressiven Ton entstehen. Die Regelmäßigkeiten und die Einfachheit der Form in „Randbemerkungen eines Liftboys" dagegen machen den Eindruck eines leichten Tons. Die Verschiedenheit des Tons liegt in dem individuellen Umgang der „kleinen Leute" mit ihrer Situation, denn jeder geht anders mit einer Krise um. Trotz der Tonunterschiede ähneln die Gedichte sich auf sprachlicher und syntaktischer Ebene wiederum sehr. In beiden werden dieselben Mittel genutzt, um Kontraste zu erzeugen (fremd- und umgangssprachliche Wörter, Ironie, Gebrauch von Satzzeichen). Durch Kontrasterzeugungen werden die Unterschiede zwischen den Gesellschaftsschichten kenntlich gemacht. Die unterste Schicht blickt in beiden Gedichten auf die oberste hinauf. Dabei werden die Gefühlszustände der Angestellten, in Form kleiner Momentaufnahmen, sichtbar gemacht. Immerzu geht es um banale, alltägliche Gegebenheiten, in den Worten Kracauers formuliert:

> Man entledige sich doch des Wahns, daß es auch nur in der Hauptsache die großen Geschehnisse seien, die den Menschen bestimmen. Tiefer und dauernder beeinflussen ihn die winzigen Katastrophen, aus denen der Alltag besteht, und gewiß ist sein Schicksal vorwiegend an die Folge dieser Miniaturereignisse verknüpft.[136]

Es kann einer Aussage von Wellershof zugestimmt werden, dass die Kontraste aufgrund der unterschiedlichen Besitzverhältnisse bestehen.[137] „[Kaléko] geht vom Bild einer Klassengesellschaft aus, in der sich die Klassen durch Besitz oder Besitzlosigkeit unterscheiden, doch der Klassenkampf kommt bei ihr nicht vor."[138] Die Angestellten sind sich demnach zwar über ihre Lage der Ausbeutung bewusst, das wird deutlich durch die zahlreichen Klagen, die sie äußern, jedoch kämpfen sie nicht dagegen an. Es wird eine Unerreichbarkeit zur Oberklasse demonstriert, die die untere Gesellschaftsschicht in den Gedichten für immer an ihre Verhältnisse bindet. Deshalb wird Gesellschaftskritik nur indirekt, Wellershof zustimmend, über die Sprache formuliert.[139]

> Kalékos Gesellschaftskritik trifft dort, wo sie die entfremdete Arbeitssituation der Angestellten beschreibt, den Arbeitsalltag mit seinen Zwängen, die beim frühen Aufstehen beginnen, mit seinem mechanischen Zeitablauf und seiner lähmenden Massenhaftigkeit, während der Inhalt der Arbeit selbst ein blinder Fleck bleibt. [...] Ausgesprochen kapitalismuskritisch ist das bereits zitierte Gedicht „Mannequins", in dem gezeigt wird, wie der Geist des Kaufens und Verkaufens die menschlichen Beziehungen vergiftet. Alles wird käuflich, und so wird sogar der Mensch zur Ware

---

[136] Kracauer: Die Angestellten, S. 20.
[137] Vgl. Wellershof: Vertreibung aus dem ‚kleinen Glück', S. 27f.
[138] Ebd., S. 31.
[139] Vgl. ebd., S. 82.

gemacht: Der Körper der Mädchen ist ihr Betriebskapital, ein scheinbar geschenktes Essen muß nachher im Bett bezahlt werden, und die Firmenleitung prostituiert die Verkäuferinnen. Der Ausdruck des Leidens in diesen Gedichten ist nicht nur „Masche". Außerdem handelt es sich nicht um Detailfragen, sondern um Grundsatzkritik an den Gesellschaftsstrukturen. Schließlich sollte man nicht übersehen, daß die Darstellung des normalen Menschen als Opfer der Verhältnisse und ihre fatalistische Reaktion nicht nur selber eine radikale Kritik enthält, sondern auch von realistischer Ehrlichkeit ist.[140]

Es liegt schlussendlich an dem einzelnen Rezipienten, wie er die Gedichte über ihren Inhalt hinaus interpretiert. Schlussfolgernd konnte die Frage: „Welches Bild liefert Kaléko hinsichtlich der Lage der Angestellten in der Weimarer Republik und wie äußert sie dadurch Gesellschaftskritik?" beantwortet werden. Die Untersuchungen erfolgten aufgrund der ungenügenden Forschungslage über Kaléko nur sehr einseitig, eine Verbindung verschiedener Interpretationsansätze war nicht möglich. Zudem hat Wellershof keine vollständigen Gedichte analysiert, lediglich hat sie anhand kurzer Gedichtausschnitte Charakteristika Kalékos demonstriert. Wünschenswert wäre natürlich, wenn die Forschung sich im Allgemeinen mehr mit ihrer Lyrik beschäftigen würde. Anhand der zwei Analysen dieser Arbeit lässt sich nur ein erster, kurzer Eindruck über die Lage der Angestellten und Kalékos Gesellschaftskritik herausarbeiten, für eine allumfassende Einschätzung sollten weitere Gedichte des LySt zur Analyse herangezogen werden.

---

[140] Wellershof: Vertreibung aus dem 'kleinen Glück', S. 34.

Literaturverzeichnis

Primärliteratur

- Kaléko, Mascha: Das lyrische Stenogrammheft. Kleines Lesebuch für Große. Hamburg: Rowohlt 1956.
- Kracauer, Siegfried: Die Angestellten: Aus dem neuesten Deutschland. Mit einer Rezension von Walter Benjamin. Frankfurt am Main: Suhrkamp 1971.
- Wellershof, Irene Astrid: Vertreibung aus dem 'kleinen Glück'. Das lyrische Werk von Mascha Kaléko. Aachen: Techn. Hochsch. Diss., 1982.

Sekundärliteratur

- Elit, Stefan: Lyrik. Formen – Analysetechniken – Gattungsgeschichte. Paderborn: Wilhelm Fink 2008.
- Ostner, Ilona: Mascha Kaléko: Gedichte. In: Querlektüren. Weltliteratur zwischen den Disziplinen. Hg. v. Wilfried Barner, Albrecht Schöne u. Bernd Weisbrod. Göttingen: Wallstein Verlag 1997.
- Pankau, Johannes G.: Einführung in die Literatur der Neuen Sachlichkeit. In: Einführungen Germanistik. Hg. v. Günter E. Grimm u. Klaus-Michael Bogdal. Darmstadt: Wissenschaftliche Buchgesellschaft 2010.
- Rosenkranz, Jutta: Mascha Kaléko. Biografie. München: Deutscher Taschenbuchverlag 2007.
- Rosenkranz, Jutta: Mascha Kaléko. Sämtliche Werke und Briefe. Ein Kommentar. Band I. München: Deutscher Taschenbuch Verlag 2013.
- Sander, Gabriele: Neusachliche Angestellten-Lyrik von Tucholsky, Kästner und Kaléko. In: Recherches germaniques. HS 14, 2019.

Internetquellen:

- DUDEN online. URL: https://www.duden.de/ (Zuletzt abgerufen am 02.10.2021).
- DWDS – Digitales Wörterbuch der deutschen Sprache. Das Wortauskunftssystem zur deutschen Sprache in Geschichte und Gegenwart. URL: https://www.dwds.de/. Hg. v. d. Berlin-Brandenburgischen Akademie der Wissenschaften (Zuletzt abgerufen am 02.10.2021).

Anhang 1: Untersuchte Gedichte – Sozialportraits kleiner Leute

Anhang 1.1: Mannequins[141]

Anhang 1.2: Randbemerkungen eines Liftboys[142]

[Die Anhänge 1-2 wurden aus urheberrechtlichen Gründen von der Redaktion entfernt.]

---

[141] Kaléko: Das lyrische Stenogrammheft, S. 10.
[142] Kaléko: Das lyrische Stenogrammheft, S. 18.